賢く値切ろう、葬式代

介護もお墓も、自分流が一番!

小粒すずめ 著

彩流社

◎はじめに――

親の葬式代を値切る

身内に死なれるのは辛いです。

呆然自失です。

涙止まりません。

でも、そんなことばかりもいっていられない問題が、死にはあります。

死はドラマ、死は儀式。

ドラマと儀式には、お金がつきもの。手間もかかります。

一三年前に母を自宅で看取ったとき、私は喪主として、その後の儀式モロモロも取りしきらなければなりませんでした。

身体は介護で疲れきってボロボロ。なのに、やらなければならないことが山積みです。

ああ～～～～なんかいい方法ない？　かくして私が編み出した三原則が、これです。

＊手抜きできるところは、手を抜く。
＊逝く者より、生きている者のほうが大事。中でも自分の身体が一番大事。

＊無駄なお金をかけない。

こうして乗り越えた、看取り、お葬式、お墓の諸問題。

ところが、やれやれと思っていたら、突如襲ってきたのがウツでした。

全てが終わってポッカリ穴の空いた心に、そいつはここぞとばかりに襲いかかってきたのです。さらにまた、身体の不調も重なりました。

でも、病院にも行かず、薬も飲まず、私はそいつをやっつけました。

難しいことではありません。ちょっとしたことで、克服できたのです。


そんな私の経験を少しでもお役に立てていただけたらと思い、この本を書きました。今まさに、親を看取ろうとしているあなた、これから看取ろうとするあなた、夫に、

「おれの最期をちゃんと見届けてくれよな」

と、言い含められているあなた、
そんなあなたに、この本を捧げます。

良き助っ人となってくれることを願って。

目次

第一章

お葬式ってヤツは

いざ、臨終

看取りは、一族総出の大仕事？
いや、そうとばかりも限りません
人少なめで、つつましく、
こんな感じも、いいものです

＊逝きそうで逝かない＊

死に際というのは、人それぞれです。

急に逝ってしまう人もいれば、危篤のまま、なかなか……という人もいます。

後者の場合、「臨終シーン」が繰り広げられます。

でもこれって、かなり間が持たない。私はとても苦手です。


みんなが固唾を飲んで見守っている。いつ死ぬか、もう死ぬか、スワッ、今か……。

ところがどっこい、人間、そう簡単には死にません。

消え入りそうになっていた息が、吹き返しちゃったりします。

そうなると、大泣きしていたのが、いつか溜息に変わる。そして嘆息になり、諦めになり、果ては、ひたすら時計を睨みつけるはめに。

そのうち、腹は空いてくるわ、喉は渇いてくるわ、ケータイは鳴るわ……でも、

まだ死なない！

現実は、言いたいことを言い終えるとカクッと首を落とす、テレビドラマのようなわけ

にはいかないのです。

そんな「臨終シーン」が、我が家にも訪れました。一五年前のことです。

肺ガンで入院していた名古屋の舅が危篤になり、親族は、朝っぱらから姑に電話で叩き起こされました。

「うちの人が危篤だがやっ、急いできてちょっ！」

「そ、そりゃ大変だがや、すぐ行くで！」

眠い目をこすりながらも、親族は病院に駆けつけ、虫の息の舅を見守ります。

ただ見守るだけでは芸がないから、みな口々に叫びます。

「死んだら、あかん！」

「お願いだで、目ぇー開けてぇ！」

このくらいはまあ、いいとしても、

「早く元気になってちょ。温泉に行くだがね！」

なんてことを言い出す人がいるから、タマげます。

私は、千葉の自宅にいました。

でも付き添っていた夫が、病室から電話をかけてきたのです。

「オ、オヤジ危ないんだ！」

そして病室に飛び交う声が、全部聞こえてきたのです。なんか、とても恥ずかしかったですね。さっきまで元気だった人が、交通事故にでも遭って危篤！　というならいざ知らず、末期ガンで入院していたわけです。

みんなの心に、覚悟があったわけです。

静かに見送ってやればいいのに……と思っていると、夫が言いました。

「今、オヤジの耳に受話器を置くから、おまえ、なんか話しかけてやってくれ」

えっ、なんかって……？　気がついたら、私、口走ってました。

「お、お義父さん、が、頑張ってください！」

ああ、心にもないことを言ってしまった。

本当は、お義父さん、どうぞ心おきなく成仏してくだささい、なのに……。

もう、嫌ですねえ。ホント苦手なんです、こういうことは。あとで夫に、しこたま文句を言ってやりました。

「何もあんなときに、電話なんかかけてこなくたって、いいじゃん！」

夫、うなだれ、

「オレもさあ、嫌だったんだよなあ。だけど、看護師が話しかけたほうがいいって言うから、おまえにもと思って……おふくろが電話をかけまくって、みんな呼んじゃってさ。オヤジ、根が筋肉質だから心臓丈夫で、なかなかその……参ったよ……」

えっ、漫画チック過ぎる？　普通はもっと厳か？

まあねえ。なにせ、場所が名古屋ですから。

結局舅は、みんなが集まった五時間後に、息を引き取ったのでした。

ふぅ～やれやれ、もとい、合掌。

＊臨終の付き添いは、最小限の家族で＊

そのとき私は思ったのです。

臨終に付き添うのは、最小限の家族（つれあい、一緒に暮らしている子供）だけでいいんじゃないか。

何もみんなで疲れきる必要なんか、ないんじゃないかと。

けたたましく「キトク」の電報打って、仕事の調整、電車、あるいは飛行機の調整、体力の調整にアタフタさせる必要なんてないし、遠い所に子供が住んでいるのなら、意識があるときに会わせておけば、それでいいんじゃないでしょうか。

親族には、あらかじめこんなふうに言っておくのです。

「何度もお見舞いに来ていただいて、ありがとうございます。最期のときは静かに逝かせてやりたいので、お声をかけないかもしれませんが、どうぞご理解ください」

しかし、

「バカ言うんじゃない！　最期なんだから、派手にパーッと送ってやるのがスジってもんよ。間が持たないだと！　このバチ当たりめが！」

と、いきりまくる人がいるかもしれません。

もしあなたが、こんな考えの持ち主だとしたら、これから先は読まないほうがいいかも。

手抜き大好き人間の私に、腹が立つだけでしょうから。

＊さあ、私の番＊

舅の死から一年ちょっと過ぎた頃、九一歳の母の在宅介護が始まりました。

私、五二歳。鍼灸師だが、仕事は休職中（体力がなく）。

夫は一〇歳下（今はやりの年の差婚）。専門学校の非常勤講師。

母との三人暮らしでしたが、その頃の母は身体も弱り、介護老人保健施設に入所していました。

多少の認知症もありましたが、それなりに穏やかな施設暮らしだったのです。年のせいもあって、母というよりも祖母、ばあちゃんという感じでした。

そんなある日、電話が。

「はい、もしもし」

「タヌキ施設の者ですが」

「あ、いつも母がお世話になっています」

「あのですね、お母さんが歩けなくなったので、隣のキツネ病院に入院させました。こちらのベッドは片付けたので、できるだけ早く荷物を引き取りに来てください。以上です。ガチャン」

ええっ！　だ、だって、この間まで一人で歩いていたのに！

何がなんだか分からないまま、私は病院に吹っ飛んでいきました。


そこは、十人部屋でした。

横たわる老人たちのほとんどは、身体のどこかを管でつながれている。

そんな中で手をベッドに縛られ、点滴されている母を見たときはショックでした。

ほんの数日前までは、具合が悪いとはいえ、ちゃんと椅子に座って食事をしていたのです。

それなのに……。

母が、無理やり寝たきりにさせられているような気がして、すぐ決意しました。

私が家で介護しよう。少しでも元の状態にしてあげよう。

そうしているうちに最期のときが来たら……そのときは、私が看取ってあげよう。母に言いました。

「うちに帰ろうか」

母はニッコリ笑い、コクンと頷き、

「うん、帰る」

即座に退院の手続きを取ると、太った、気のよさそうなおばさん看護師が近寄ってきて、言うのです。

「偉いねえ」

「いえ、別に」

「家で看るのって、大変だよねえ」

「はあ、でも看ます。母も、帰りたいでしょうし」

ここには置けません、という言葉を飲み込み、私は母をひったくるようにしてタクシーに乗せ、家に連れ帰ったのでした。

おばさん看護師が、手を振って、送ってくれましたっけ。

「病院には病院の事情があるのよ、分かってよね」

とでも、言いたかったのでしょうか。


こうして、私の在宅介護生活が始まったのです。

キツネ病院からは、すぐケアマネージャーが来て、医師が一ヵ月に一度、看護師が一週間に一度、訪問診療してくれるように、手配してくれました。

介護生活は、八ヵ月間。このうち六ヵ月間は、少しは大変かな、という程度のものでした。介護した人なら誰でも経験するような大変さ。

オシッコ、ウンチ、徘徊、妄想などに振り回されながらも、ボケている母は、とてもいじらしくて、可愛いかったものです。

「あ、シッコ漏らしちゃった」

「はいはい、パンツ取り替えようね」

「悪いねえ、いつも」

「そんなことないよ、気にしないで」

ニッコリ笑うばあちゃん。もう、可愛いったらありゃしない。

こんなふうだから、大変と同時に、今まで味わったことのない満足感にも、浸ることができました。


ところが、急速に死が近づいてきた最期の二カ月間となると、そうはいきません。いくら医師や看護師が来てくれるといっても、それは時間にすればほんのわずかです。夫がいても、うちの場合、全く役に立ちません。

世の中に、役に立つ夫はたくさんいるでしょう。気がきくとか、労をいとわないとか、場を和ませるとか。羨ましい限りです。

うちは全く逆。頼りないことこの上なし。すべては、私一人の肩にかかってきます。死と格闘するのは、本人だけではありません。看取る者も、格闘を迫られます。

そうです、格闘なのです。ゴングが鳴る。


いざ勝負！


日増しに肉がこそげ落ち、くぼみの目立つ眼窩《がんか》で横たわる人との、ガチの勝負！

そんな中でも、私は必死で考えていたのです。

「間が持たない臨終シーン」だけは、避けるからね！　でも、どうやって？　う−ん、それが分からない。どうしたもんだろう、と頭を悩ませていたら、突然ひらめきました。これだ！

それは、母が亡くなる二週間前のことでした。

＊静かに、サヨナラ＊

母は、その一週間前くらいから全く食べなくなり、水だけの生活になっていました。でも、精神状態は、きわめて良好。明るくて、可愛くて、よく喋る。

こんなばあちゃん、見たことない、ってくらいで、なんか不思議でした。

「天国へ行ってきたよ、いいとこだった……あれなら、死ぬのも怖くないねえ」

「世話になったね、あの世で守ってあげるからね」

こんなことを、ニコニコしながら言うのです。

父が亡くなった後、八人兄姉の中で（よく産んだもんです！）ただ一人独身だった末っ子の私が、やむなく母と一緒に暮らすはめになりました。

あれから二十年。

「トゲトゲオーラばあちゃん」と、あだ名がつくくらいのワガママ振りに、私は、ほとほと手を焼かされたものでした。母は、我が家の帝王だったのです。誰も敵う者はいませんでした。

父なんか、ケンカになると、真っ先に白旗を上げていたものです。子供たちはみんな、恐怖で逃げ回っていました。ちょっとした悪さにも、情け容赦のないムチが飛んできましたから。

その母がです。天使みたいになっているのです。

驚きでした。薬も点滴もなしの、一〇〇%老衰状態だったからでしょうか。

それとも、誰でも死が近くなると、こういうふうになるのでしょうか。

骨と皮だけなのに、清々しさが日増しに強くなっていく。

ばあちゃん、素敵だね……。

あ、今だ！　今、最期の別れをさせよう。

この最良の母をみんなに会わせ、それで終わりにしよう。

まずは、遠方に住んでいる次兄（長兄と次姉は既に他界）に連絡を取りました。

「モシモシ私。できるだけ早く来てほしいんだけど。来れる？　あ、そう。お昼ご飯は食べてきてね。こっちは、そんなことに手が回らないから」

「わ、分かった、」

ということで、何年もご無沙汰だった兄ですが、すぐに飛んできてくれました。

母は、とても嬉しそうでしたね。

もう七十歳近い息子を、二十代と思っている様子で、その頃のことを、とうとうと喋ります。次兄も話を合わせて、うん、うん。

側で聞いている私も、嬉しかったです。

それから次々に、兄姉に声をかけました。それぞれ来てくれてはいましたが、みんな近くはない所に住んでいるので、頻繁というわけではなかったのです。

そして、みんなが集まったときのこと。母が、全く普通の表情で、

「もう、これっきり会えないからね」

と、言うのには、またまた驚いてしまいました。
胸を突かれたし、感動もありました。ワガママだったけど、一本、筋が通った潔さを貫いて生きてきた母を、改めて思ったのです。

子供の頃、よその家で出されたお菓子に手をつけると、私は母にこっぴどく怒られたものでした。

「手をつけなければ、紙に包んで持たせてくれる、それを家で食べなさい」

怖かったけど、カッコいいところもあった。その母が今、何もかも受け入れて毅然としている……。

「最期までカッコいいね、ばあちゃん」

私はそんなことを考えていましたが、みんなもそうだったと思います。

涙ぐみ、うつむき……涙腺が極端に弱い一番下の兄なんかは、

「おふくろっ！」

と、しゃくりあげていましたが、でも、

「そんな弱気なこと言っちゃあいかん、まだまだ大丈夫、百歳まで生きにゃあいかん」

なんてヤボなことは、誰も言いません。静かにしんみりと、

「そっか、ばあちゃん、もう逝くんだ……」

と、深ーく納得したのでした。


母の二人の妹も既に亡くなり、これといった親戚、知人との付き合いもなかったので、面会はこれで終わり。

おかげで私は、とても静かな気持ちで母に寄り添っていられました。

水も飲まなくなってからは、添い寝したものです。

「ばあちゃん、お疲れ様、長生きしてくれたね、嬉しかった。ありがとう……」

こんなふうに書くと、時は穏やかに過ぎていった、と思われるかもしれませんが、

そんなことは、ありません！

限りなく死に近づきつつある人と、二四時間一緒にいるのは、肉体的にも精神的にも、ほとんど限界、というくらい大変でした。

死が迫ってきた母の身体からは、悪臭がしてくるようになりました（個人差があるようですが、母はかなり強烈）。脳が酸素不足になって、目は、ほとんど白目。そして、うなり声を発するのです。一日中。

もし、あなたが自宅で家族を看取りたいというのなら、何人かの人手を確保するよう、お勧めします。

ローテーションを組んで、ときには休憩もする。おしゃべりし……。

そういうことが、絶対に必要だと思います。

私は鍼灸師なので多少の医学的知識があるため、一人で看取る、ということに踏み切ったのですが、大変さは想像を超えていました。

＊とうとう覚悟のときが＊

母の死が間近に迫ってくるにあたって、私は訪問医と何度も話合っていました。

「本当に私は、最期まで看てあげられるでしょうか」

「お母さんは高齢ですし、自然な形で命は細っていくと思います」

「苦しむということはないでしょうか」

「そのときは、救急車を呼んでください。苦しさを取る処置だけするように、申し伝えておきます。」

こんな話し合いを、何度も繰り返していました。

私は、できれば救急車は呼びたくありませんでした。母には、静かに逝ってもらいたい。**最期まで母と二人きりでいたい**。

でも訪問医は、
医師の立会いなくしても、看取りはできるが、
生前二四時間以内に医師が受診していないと、
警察による「検死」が必要になるかもしれない。

とも言うのです。

ご近所のお医者さんに看て頂いているなら、いつでもすぐ駆けつけてきてくれるでしょうが、病院勤めの訪問医には、それができない。

だから私は、救急車を呼ぶことは覚悟しました。

延命のためではなく、死ぬために……。

そして添い寝から三日目の未明、そのときが来たのです。

母が苦しがっている様子はありませんでしたが、血圧が下がってきました。急いで119番。五分で、救急車到着。隊員の方に病院名を告げると、

「あ、はい、連絡を受けています」

この返事は意外で、一瞬、えっ？ と思いましたが、訪問医が、手間取ることのないように配慮してくれていたと分かり、とても嬉しかったものです。

母は、隊員の方にお姫様だっこされて車内に。私が後に続きます。

数日前から、私は風呂敷包みをひとつ作っていました。

中身は、母の死に装束。

母が自分で縫ったものの、一度も着ていなかった萌黄色の着物。

それに長じゅばん、腰巻、足袋。

病院や葬儀屋さんが用意するものでもいいでしょうが、私は以前から、これを着せて母を送ってやろう、と決めていたのです。

家を出るときには、バッグに、自分のためのパンと飲み物も詰め込みました。私はろくに寝ていないし、食べてもいない状態。倒れでもしたら大変なので、ちょっとでもいいから何か口に入れよう、と思ったのです。

母は、救急車の中でずっと唸り声をあげていました。隊員の方が、母の入れ歯を外して、渡してくれます。

私はそれを握りしめ、心の中で叫んでいました。

「ばあちゃん、頑張れ！」

こんなときに「頑張れ」はないだろう、と思われるかもしれませんが、私には、その言葉しか浮かんでこなかったのです。

母は頑張っている。ゴールを目指して頑張っている……。

＊古木が朽ちるように＊

一五分ほどで、病院に到着。

訪問医が、あらかじめ指図してくれていました。

「〇〇さんが運ばれてきたら、全ての処置は無用」

おかげで私は、若い女性の宿直医に、「お願いします」と、言えばいいだけでした。

母がベッドに寝かされ、私がそばに付き添います。

看護師さんが聞いてきました。

「どなたか、呼ばなくてもいいんですか?」

ああ、それですか、ハイハイ。私は、厳かに言いました。

「もう、別れは済ませていますから」

看護師さんが、ニッコリ笑う。

「それは、けっこうなことですね」

そんな感じのニッコリでした。

嬉しかったですね。間が持たない臨終シーンは、病院のスタッフにとっても、間が持たないのかも、と感じた次第です。

スタッフの皆さんが、やけに優しげに母と私を見つめるものだから、少々照れくさかったですが、これは素直に、「あなた、よくやりましたね」というメッセージと、受け止めました。


母が息を引き取ったのは、それから四〇分後です。

静かな最期でした。

母の顔を撫でながら、そのときの私は悲しみよりも、ホッとした気持ちでした。

二人三脚でゴールを目指し、無事に辿り着いた、そんな気持ちだったのです。

「御臨終です」と告げる医師の顔も、御愁傷様、というようなものではなく、

「いやあ、良かったですね、この終わり方」

というような感じで、かすかな笑みがありました。私も、

「いやあ、どうもどうも、ホント良かったです」

というような顔を、していたのではないでしょうか。

清拭のためにやってきたヘルパーさんが、母の身体を拭きながら、

「こんなに痩せているのに、床ずれがない方は初めてです」

と、言ってくださったのは、心から嬉しかったし、持参した着物を、

「素敵な、お召ものですね」

と、誉めてくださったのも、また、嬉しかったですね。

死んだら、寝かせて

死んだ者より生きている者が大事、
と、割り切りましょう
ここで、思いっきり寝ようじゃありませんか
ほったらかしても、ホトケ様は許してくれます

＊体力の限界です＊

清拭を終えた母は、霊安室へ運ばれました。

お線香が用意されていて、看護師さんとヘルパーさんと私とで、お焼香。

お二人が部屋を出て行った後、私は一瞬へなへなとソファーに座りこんでしまいました。

いろんな感情が押し寄せてきます。疲れも出てきます。

しかし、まずは葬儀屋さんに、母を迎えに来てもらうための電話をしなければなりません。私は既に、葬儀屋さんを決めていました。

決めていない場合は、病院が業者を手配してくれます。

この遺体搬送料は、だいたい三万円〜五万円ですが、葬儀内容によっては、一式料金の内に含まれており、搬送だけを別の業者に頼むと、無駄な支払いをすることになるので、注意が必要です。

時間は朝五時頃でしたが、電話をすると、ちょっと眠たげなおじさんの声が。

「はい、やすらぎ葬儀社です。あ、はい、それでは一時間ほどで参りますので」

まずはホッとし、さて次に考えたことは……ともかく、家に帰ったら寝なければ！　ということでした。

介護をし、看取りが終わったら、元気な人でもヘトヘトだと思います。私の場合は、身体のあちこちに故障を抱えているので、なおさらでした。五臓六腑、みなダメです。特に心臓がダメ。なにかあるとすぐ痛みます。

お灸をして当座をしのいでいるのですが、病院に通っているわけではないので、誰も同情してくれません。

やっかいなのが、睡眠障害。三十代で、子宮筋腫になりました。四一歳のとき、筋腫が大きくなり過ぎて、やむなく子宮摘出手術を受けたのですが、術後にヘンな症状がでてきたのです。血圧が高くなり、鼻血が出るようになり、頭がふらつき、右手に力が入らない、夜は眠れない。こんな症状がドンドン出てきました。

本当は、すぐ病院へ行くべきだったのでしょうが、なんだろう、手術するとみんなこんなふうになるのだろうか、なんてノンキなものでした。

幸いこれらの症状は、一年後には自然に治ってしまいましたが、唯一睡眠障害だけが、今も持病として残ってしまったのです。

夜なかなか寝付けず、やっと寝てもすぐ目が覚める。これは、かなり辛い。

そんな私が青息吐息、やっとのことで介護、看取りを乗り切ったわけです。

さらに息つぐ間もなく、お葬式。しかも私の場合、喪主を務めなければならない。

本当は喪主なんて、やりたくありません。誰が喪主をやるかで揉める話を聞きますが、あれは、何なんでしょうか。喪主をやると、偉いのでしょうか。ハクがつくとでも言うのでしょうか。

我が家は、私がずっと母を看ていたから、私が喪主をやる、ただそれだけのことでした。兄たちも、そりゃ、そうだ、という顔をしてましたから。

はいはい、やります。でも、その前にちょっと、いや、たっぷり寝かせて、お願い！

何はともあれ、できるだけ早く布団に入りたかったのです。

寝ることだけを、ひたすら考えていました。そのくらい私の身体は、ヘロヘロだったのです。

＊とにかく寝る＊

では、どうしたら寝られるのだろう……と、私は介護中から考えていました。

「親の介護をしながら、そんなことまで考えるか、普通？」

と、言われそうですが、考えていました。私の身体では、とうてい無理はできません。私が無理して得する人がいるのなら別ですが、誰もいないのです。

だから寝なければ、お葬式の前に寝なければ、と考え続けました。

そして得た結論は、すべてを簡単に済ませること。誰も来ないようにすること。

寝る時間を確保すること。

これ以外にない！

病院から兄姉への電話は、こんな具合です。

「……と、いうことで、ばあちゃん、亡くなったから。ウン、静かだったよ。今、葬儀屋さんの車を待っているとこ。あ、そうそう、今日は来なくていいからね」

「え、あの、それじゃ、でも」

「いいのいいの、何も、悪いことなんかないって。気持ちは分かるけどね、来なくていいから（来ると、困るからね）いいのっ、頼むから来ないで！　はいはい、じゃあ、いろんなこと決まったら、また電話するから」

さあ、これでよし。ご近所には、ごく親しい人にだけ、後で知らせよう。

ああ、やっと寝られる！

葬儀屋さん、早く来てくれい！

ちょっと待って、葬儀屋さん

葬儀屋はやさしい、葬儀屋は親切、葬儀屋は至れり尽くせり
そりゃそうだ、たんまりお金を取るんだもの
取られたくないあなた、
丁々発止とやりましょう

＊お金ないし＊

葬儀屋さんに関してですが、私は友人から、こんな話を聞いていました。

「あなた、気をつけなさいよ。私この間、お義母さんのお葬式出したじゃない。あのとき、すんごいお金取られたんだから。ホトケ様のお顔を直しますね、と言って、チョチョッと、お化粧してくれたんだけど、それも有料なのよ」

ひええっ！

もう一人の話。

「松、竹、梅のコースがある、って言うのよ（お葬式に松竹梅!?）竹でお願いします、って言ったら、竹は今、休んでますだって。じゃあ梅で、って言ったら、皆さん松になさいますよだって。しょうがないから、松にしたわけよ」

「なんで？　そんな言葉、無視すりゃいいじゃないの」

「雰囲気がねえ、なんというか、断れないのよ。すぐ決めなきゃいけないことだし……」

フン、私なら絶対こう言ってやる。

「梅の下は、ないんですか？」

＊さまざまな選択＊

なにかと、お金のかかるお葬式。

でも、必ずしもお葬式をしなければならない、というものでもないようです。

「**直葬**」という方法もあります。

これは葬儀を行わず、火葬のみで済ませるというもの。ちなみに、うちの近くの市営火葬場の使用量は六千円です。

え？　自分でホトケ様を火葬場に運ぶのか、ですって？

いや、葬儀屋さんに運んでもらいます。その費用はかかりますが、格安で済みます。お坊さんを呼んで、火葬炉の前で読経してもらうこともできるそうです。

は？　そんなお金もないときはどうする、ですか？　何もかも自分でやることも、可能は可能でしょうが……。

火葬するときは、棺に入れなければならないそうです。棺を自分で作るのは大変だし……本当に、どうしたらいいのでしょうか。

ということで、役所に聞いてみました。

「家族が亡くなっても、お金がなくてお葬式が出せないという場合、援助していただけるシステムはあるんでしょうか」

「五十万円を限度に、貸与の制度がありますが」

「すぐ貸して頂けるんですか？」

「まず申請してもらいます。それを、こちらで審査します」

「審査？」

「はい。貸与ですので、返せる能力があるか審査します」

「時間がかかりますね」

「まあ、ある程度は……」

「審査が通っても、葬儀屋さんへの支払いが間に合わない、ということもあるかもしれませんよね？」

「はあ、そこらへんは何とも……そちらで葬儀屋さんと話しあってもらうしか……」

「では審査が通らなかったら、どうすればいいのでしょうか」

「それは……ご親戚とかご友人とかですね、まあ、そういう方にですね、相談してもらうというかですね」

結局そこかい！

親戚も友人もいなかったら、近所の誰にでもいいから、

「家族が死んだけど、火葬する金もない！」

と、言ってみればいいと思います。その人がお金を貸してくれる可能性はまずないとしても、

「そりゃ大変だ、町会長さんに相談しよう！」ということくらいは、言ってくれるでしょう。そうしたら、ゾロゾロ人が集まってきて知恵を出し合い、いい具合に話は進んでいくと思います。

だって自分ちの近くに、いつまでも死体があるのは嫌じゃないですか。何とかしなきゃ、と思ってくれますよ。

あとは、「**献体**」という方法もあります。死後、大学の医学部などに身体を提供し、解剖実習などに役立ててもらうことです。

実は、母はかなり以前から、献体を望んでいました。

父の葬儀は、派手好きな長兄が取り仕切り、バカみたいにお金をかけたのです。葬儀屋には、Aランク指定。お坊さんへのお布施はたんまり。お手伝いして頂いた、ご近所の方々へのお礼もたんまり。安サラリーマンの父が、爪に火を灯すようにして貯めたお金だっていうのに。

それに対して母は激怒！

「アタシのときは、葬式なんかしなくていいからね。大学病院に献体して、解剖実習に使ってもらっておくれ！」

さすが我が猛母と、私はパチパチ手を叩いたのですが、反対する兄姉がいました。

理由は、なんとなく世間体が悪い、ということらしい。

世間体ねえ……私の辞書には無い言葉だけど……。

ところで、献体には家族の総意が必要だということを、御存知でしたか？

タダで骨にして返してもらえるのだから、献体もいいかなあ、なんて、考えていませんでした？

そう都合よくはいきません。たとえ家族の総意が得られたとしても、「有り余っているので、要りません」などと断られるケースもあるらしいので、興味のある方は、早めにきちんと調べておくことをお勧めします。

献体するけど葬儀もする、ということも可能とか。暑さで遺体が傷む、などということがなければいいのだそうです。

結局反対派に押し切られてしまい、母が献体申込書にサインをする、ということはなかったのですが、私は、母の合理的な考えを、常に頭に置いていました。

つまり、徹底的に家族だけのジミ葬にするぞ、ということです。

まあ、夫は専門学校の非常勤講師、私は休職中という低所得な我が家としては、それしか選択肢がない、という事情もあったのですが。

＊いい葬儀屋って？＊

葬儀会社といってもピンからキリまでなので、あらかじめ情報を集めておくことが大事です。

家族が病で苦しんでいる時に、早々とお葬式のことを考えるなんて不謹慎、という意見もあるかもしれません。でも、あわててお葬式をあげて、後で後悔することになったら、それこそ取り返しがつかないのでは？

私は、電話帳に載っている地域の葬儀会社に全部電話して、いろいろ話を聞いていました。いろいろといっても大事な点は、総費用はいくらか？　という、その一点なのですが。

「もしもし」

「はいこちら、まごころ葬儀社でございます」

「お葬式について、お話を伺いたいのですが」

「さようでございますか、なんなりと」

「お金がないので、安く仕上げたいのですが」

「ああ、それはもう、なんでございます、ご予算は、どのくらいでしょうか」

「五十万円です」

「……さようでございますか、五十万円……でございますね？　ええ、当社といたしましては、故人様に喜んで頂けるご葬儀を目指すことをモットーといたしておりまして……ええ、五十万円でございますと」

次、行きます。

「もしもし」

「はい、みほとけ葬儀社です」

「そちらは、カードでのお支払いはできますか」

「できないっすねえ、うちは、現金払いだけっすよ」

「では、分割でお支払いすることはできますか」

「あーん、分割ねえ……」

いろんな業者がいます。面倒がらずに、どんどん電話して聞いてみましょう。自分の思うようなお葬式ができるかできないか、それはまず、この葬儀屋総当り電話にかかっています。私がそれをして決めたのが、やすらぎ葬儀社。その理由は、

1　愛想が良かった。
2　押し付けがましくなかった。
3　二〇万円から受け付けると、はっきり言ってくれた。

いくら安くしてくれるといっても、具体的な数字をあげてくれないと不安になります。掴んだ客は離さない的応対では、鼻白む。無愛想なのは論外です。

＊丁々発止＊

さて一時間後、私が待っている病院の霊安室に、やって来ました葬儀屋のおじさん。

「このたびはどうも、ご愁傷様でございます」

「恐れ入ります……あの、お一人ですか？」

「はい、一人でも大丈夫でございます」

ふ～ん、父のときは二人で来たけど……やっぱり、安い客だから？

ま、いいか、ということで、私も手伝って、ヨッコラショッと、母を車に運びました。家に着くと今度は、待機していた夫に手伝わせて、またまたヨッコラショッと、布団に。

ここで私は、ハッシと身構えました。

私は、前年に姉を見送っています。肝臓ガンを患っていた姉は、闘病六年。六四歳で逝きました。その姉の臨終に立ち会い、葬儀屋さんの車で、姉の家まで行ったときのこと。

葬儀屋さんが、姉を布団に横たえると、側に白いダンボール製の祭壇を置いて、そこでお線香をたくようにしてくれました。

いわゆる、**枕飾り**です。しかしこれは、もちろん有料。私はそれを思い出し、拒否しようと身構えたわけです。でもこの葬儀屋さん、全然その気配を見せない。

あ、やっぱり安いからね、と思っていたら、いきなり、

「八〇万円のフラワー葬ではいかがでしょう」ときた。

いいや、その手には乗らないぞ！

「うちは、総予算、五〇万円以内と決めていますから」

「ハア……」

と、いきなり萎《しお》れるおじさんは少し気の毒でしたが、そこは無視して商談に入ります。

ええ、コホン。私は、居住まいを正して言いました。

夫は、かしこまって聞いているだけ。

「必要なものだけで、けっこうですからね」

「ハア、ではお棺ですが、七万円です」

「七万!?」

「はい」

「五万円のがあるって、聞いてますけど」

「ハアアアー……では、五万円でけっこうです」

な、なんなのよ！　三万円のがあるって言ったら、三万円にしてくれたわけ!?

＊お棺、おいくら？＊

そういえばお棺に関しては、舅の葬儀のときにも一悶着ありました。

弟が、お棺を高いヤツにしてしまったと、夫が腹を立てたのです。

「葬儀屋に、いくらのお棺にしますかって聞かれたんだ。そしたら弟（名古屋在住）が、オヤジは大工仕事が好きだったから、お棺には凝りたいって、ワケの分からんこと言うんだ。で、勝手に一〇万円のに決めちゃってさ。燃えちまうんだぜ、凝るもクソもないだろう」

ホントホント。一〇万円のお棺に入れられて、アッ、という間に骨になる……。生涯一安サラリーマンの舅は、どんな気持ちだっただろう。死ぬに死ねなかったのではないか。

私の父もそうでしたが、舅もビンボー癖が抜けなかった人で、よっぽど暗くならないと電気もつけませんでした。誰かがつけると、烈火のごとく怒る。

「もったいねぇぁ、バチが当たるがや！」

そうやってチマチマ貯めたお金を、棺おけごときに、一〇万円もねえ。

姑が、舅に輪をかけて倹約家なのに、異議を唱えなかったのは……やっぱり、冠婚葬祭は派手に、という名古屋だからでしょうか。

「わたし、ケチだでね。女はみんなそうと、ちゃう？　ケチでなかったら、お金なんかたまりゃせんわ」
と言って憚《はばか》らなかったお義母さんのケチぶり、見せてほしかったなあ。

それにしてもお棺って、高いのは、いくらでもあるらしいです。百万円超すものも！
いろいろ彫刻を施したりするのでしょうか。私なんか、ダンボールでいいです。クマのプーさんのアップリケをつけて、五千円！　なんていうので充分です。

でも、母のお棺はまさかそういうわけにもいかず、結局、五万円のものに落ちついたのでした。

このとき決めたのは骨壷、遺影など、必要なものだけをピックアップしました。コース料金だと、面倒はないかもしれませんが、どうしても高くつきます。

安く仕上げたいならば葬儀屋に、その旨しっかり伝えること。あいまいにすると、葬儀屋に都合のいいように、仕切られてしまうかもしれません。見栄を張らない、恥ずかしがらない、これが大事だと思います。

＊寝ました＊

さて、おじさんは、すごすごと帰っていきました。

「煮ても焼いても食えん客だったわい……」

という感じの、はかなげな後ろ姿でした。ごめんねおじさん、だってうち、本当にお金ないんだもん。

そしておじさんが帰った後、私は布団にもぐりこんで、ひたすら寝たのでした！

ま、たいていの人は、そうはいかないかもしれません。うちはたまたま、兄姉が似たり寄ったりの考え方だった、ということと、母が施設、病院暮らしが長くて、ご近所付き合いがあまりなかった、ということで、こういうことができたわけです。

ただどんな状況であれ、いろいろ工夫して、あまり疲れないようにすることは大事だと思います。

「こういうときは寝てなんかいられない、疲れたなんて言ってられない！」

と、ハチマキしながらいきり立つ人には、

「でもそのせいで、葬式中に過労で倒れる。倒れるだけならまだしも、そのまま葬式を二つ出す羽目になったら、それこそ大変。そして、迷惑じゃないの！」

と、言いたいですね。

事実、私の友人は父親の葬儀の席で、くも膜下出血で倒れました。お坊さんの読経の最中に頭を抱え、「ギャーッ」と絶叫しながら倒れこむ友人！

口からは、マーライオンのように溢れ出す吐社物！　茫然自失で、引きまくる会葬者たち！

命こそ助かりましたが、回復に数ヶ月を要したということです。誰でも、こういうふうになる危険をはらんでいるのが、弾丸ツァーもどきの「お葬式」なのだと、私は思っています。

もっとも今は、ホトケ様を家に連れて帰らず、直接、葬議場に搬送するシステムもあるようです。これだと、遺族はゆっくりできますね。

ではなぜこのシステムを、私が利用しなかったのか。

単純にそのとき、私がこのシステムを知らなかった、ということもありますが、知っていたとしても……やはり私は、母を家に連れ帰ったと思います。

もうすぐ骨になってしまう母と、できるだけ長く一緒にいたかったから。

死が近づくにつれて、仲良し親子になっていった私たちでした。

その幸せな思いを、長く味わっていたかったのです。

でも、その家にはその家の、事情というものがあります。

それによっては、葬議場への直接搬送も、選択肢の一つだと思います。

お葬式に流儀なし

お葬式は、マイお葬式でいきましょう
誰が何と言おうと、マイお葬式！
って考えれば、
なんだか、楽しくなってくるから不思議です

＊こぢんまりと＊

うちのお葬式は、家族葬でした。

子供、孫、その連れ合いだけの列席で、総勢二〇人。

母の妹二人は既になく、腹違いの弟が遠方に住んでいましたが、普段の付き合いがないため、知らせたのは、葬儀が済んでからでした。

丁寧なお悔やみの言葉と共に、香典が送られてきました。でも、「なんで、呼んでくれなかった！」などという感じではなかったので、私の判断で良かったのだと思います。

葬儀の際、誰に声をかけるか、かけないか、というのは、けっこう悩ましい問題です。たいして知りもしない人のお葬式の連絡が来るのは、かなり面喰いますよね。

「ちょっと、ちょっと大変！」

「なに、どうしたの？」

「亡くなったのよ、〇〇さん」

「ええっ！　だってまだ若いのに！」

「いや、〇〇さんの旦那のお母さんが亡くなったの」

「………」

あ、そう、で済ませたいけど、でもそれじゃあ、連絡してくれた人に悪いだろうか。香典だけでも、送ったほうがいいのだろうか。でもいくら？　などと、すごく悩んでしまいます。私は、そうした煩わしい思いをさせたくないし、したくもないのです。しかし、この考えは、名古屋の姑には我慢ならなかったようで……。

そもそも私は、膝の調子が悪い姑に、来てもらうつもりはありませんでした。夫も同意見だったので、電話してもらいました。

「家族葬だで、こっちの人だけでちんまりとやるだで、お母さんは、来んでいいからね、香典だけ送ってくれりゃ、それでいいから」

すると、姑は激怒！

「そりゃ、なんぼなんでも失礼だがね、嫁の親のお葬式に出んかったら、私の立場がないがね！」

「でもお母さん、膝が痛いんと、ちゃうの？」

「そら痛いけどな、なんぼ痛くても、私の立場ちゅうもんがな」

と、まあ、延々と……。

なんとか説得したのですが、それ以来私は、「非常識な嫁」のレッテルを貼られてしまったようです。

でも、気にしません。姑が一人で来られるわけはない。義弟が仕事を休み、ついて来ることになる。どう考えても、そんな必要はないのですから。

＊戒名に気をつけて＊

家族葬というのは、「家族だけで死者を送ること」だと、私は思っていました。しかし、そうとは限らず、あまり大々的に声はかけないにしても、来てもらいたい人にだけ来てもらう、というのも家族葬だとか。

要するに、こぢんまりとやれば、それは家族葬なのでしょうね。我が家の家族葬は、お坊さん無しでしたので、**自由葬**でもありました。

戒名は、もちろんありません。なぜ、こういう形のお葬式にしたのか。

実は我が家には、苦い思い出があったのです。父の、

「戒名二重取り事件！」

なんと、戒名を二つ付けられ、料金を二倍払わされてしまったのです！

父が亡くなったとき、お葬式に来てもらったお坊さんが、「院居士」という、とんでも

なくグレードの高い戒名をつけてくれました。

見栄っ張りの長兄が、お布施をシコタマはずんだからです。そのお布施はといえば、父が、爪に火を灯すようにして貯めたお金だったのです!

「どうぞ、どうぞ」

「や、これはこれは」

「少ないですか? なんだったらもっと」

「いやそんな、え? あ、どもども」

父の大事なお金を!

しばらくしてから、お墓を買いました。

そしたらそこの住職が、のたまった。

「こらまた、どえりゃあ戒名ば、つけりゃあしたなあ」

違った! 名古屋弁ではなく、東京弁で

す。葛飾区にあるお寺ですから。

「これはまた、随分と御立派な戒名ですな。しかし、これですと、何かと掛かりも掛かるが、よろしいですかな」

つまり、お寺の檀家になったら、お布施をしてもらわなければいけない。「院居士」だと、高いお布施をしてもらうことになりますよ。末代までそうしてもらうが、いいんですか？

ということなのです。

いいわけない！

即座に、格を下げた新たな戒名をつけてもらい、またお布施を払う羽目に。

父が、爪に火を灯すようにして貯めたお金を！


以来私は、戒名と聞いただけで、虫唾が走ります。母も同じ。よって、お坊さんなし、戒名なしのお葬式は、当然の成り行きだったのです。

ちなみに舅のときは、姑が葬儀屋さんに戒名代の相場を聞いたそうです。すると、

「まあ、お宅はこれから、奥さんが檀家さんになるだで、控えめでいいんとちゃいますか。三〇万円ぐらいで」

という返事。姑は、五〇万円以上を覚悟していたので、大喜びだったそうです。こうい

うことは、その地域によっても違いがあるでしょう。

しかし、分相応な戒名でいいと、しっかり心積もりをしておけば、それほど困った事態にはならないと思います。

また、檀家などということに無縁な人が、とりあえずお坊さんだけは呼んで、お経をあげてもらいたいというのなら、葬儀屋さんが手配してくれますし、その場合、戒名は必要ないというのなら、はっきりとその旨、申し出ればいいと思います。

＊お通夜＊

お通夜は、夜六時から始まりました。

場所は、市営斎場。ここは火葬場が併設されているので、移動の面倒がありません。うちから電車で一〇分。さらに、タクシーで五分のところにあります。

家のすぐ近くに、民間の斎場があります。駅にも近いので便利ですが、市営よりずっと高いし、家族葬なので、遠方から来る弔問客を気遣う必要もないわけだし、ということで、こちらにしました。

弔問客のことを考えての斎場選びは、重要だと思います。バスを乗り継いでの斎場となると、「行くのやめよう、香典だけ後で送ろう」なんて、考えてしまうかもしれません。

ちなみに、三〇年前の父のお葬式は、自宅近くの集会所で行いました。ご近所の方々総出の賑やかなお葬式でしたが、今はあまり聞きませんね。手伝ったり、手伝われたりという面倒は避けたい、という気持ちの表れでしょうか。母も、お手伝いの方々へのお礼がかなりの額になり、ボヤいていましたっけ。

その母のお通夜は、斎場小ホールでの、家族だけのひっそりとしたものでした。

祭壇は、一番安い白木祭壇です。

普通は、この白木祭壇の左右に菊の花などを配置する、「花飾り祭壇」が多いようです。わが家も母以外は全員、花飾り祭壇でした。でも、白木だけっていうのもシンプルで、なかなかいい……いや、ちと寂しいです。

子供、孫たちからの花輪を数個配置し、さみしい感脱却を目指しました。

そして、祭壇の真ん中には母の遺影。満面の笑顔です。


母が亡くなったのは夏。

春、まだ元気だった母の写真を、私は撮りまくりました。

「はい、笑って、うん、いいよ、ちょっと横向いて」

手をつないで行った公園で、咲き誇るパンジーを背に、笑顔、笑顔の母。

遺影は、その中の、一番良く撮れているものを使いました。

たまに、口をへの字に結んだ遺影にお目にかかることがありますが、あれは、いただけませんね。実は、舅がそうでした。いくら探しても、笑った写真がない！　一枚もないというのは驚きでしたが、昔の男性というのは、大体がそうだったのかもしれません。男はやたら笑うもんじゃない！　そんなふうに教えられて育ったのでしょう。

でも、遺影がへの字の口じゃねえ。これは避けたい。

だから、生前の遺影撮り、遺影選びは、絶対に必要だと思うのです。私は、写真を葬儀屋さんに渡して引き伸ばしてもらい、フレームと黒リボンをつけて、

「はい、二万円です」と言われましたが、今では、パソコンで自作できます。葬儀屋さんに交渉してみるのも、いいかと思います。

隣の大ホールでは、盛大なお通夜が営まれていました。チラッと覗いたら、人いっぱい。超豪華な祭壇。お坊さんは二人！

うーん、お金かかってそう。こりゃ、時間もかかるな。

うちは、お坊さんの読経もないわけですし、あっという間に終るわけです。

一人一人、祭壇に白いカーネーションを献花し、喪主の私が、挨拶して終り。この挨拶、身内だけとはいえ、緊張しました。少し長く喋らないと、とは思うのですが、さて、何を喋ればいいのか……。考えてはいました。でもそんなの、すっかり忘れているわけです。

「ええー、皆さま、本日は、お集まり頂きましてありがとうございます。母は、よく頑張ってくれました。母の最期でございますが、ええー」

でも、あんまり湿っぽいのもなんだかなあ……。

これは私のクセなのですが。人前に立たされると、なんか面白いことを喋りたいと思ってしまうのです。でもまさかこんなときに、お笑いネタってのも……。

あ、誰か泣いてる。うーん、合わせたほうがいいのか。

「母は死の床についても、毅然としていました。常に介護する私の身体を気遣い……」

あ、やばい、私がやばい、涙が！　鼻水もでてきた！　うわっ、止まらない！

よし、方向転換だ！

「ええー、皆さまご存知のように、母はわが家の帝王でした。怒るときの、あの恐ろしさったら！」

ホール中に、そうそう、そうだったよねという、少しほぐれた雰囲気が流れました。そこで私の涙と鼻水も止まり、ヒートアップ。母の武勇伝、猛女伝へと話は移り、弾み、し

かしいい加減ここら辺でと、

「ええー、ということで母も、それなりに満足した生涯ではなかったと思います。本日は、まことにありがとうございました」

と、ソフトランディング。ふぅ〜、やれやれ。

あとは、お寿司やオードブルなどの**通夜振る舞いの料理**を食べて解散、となるわけですが、この通夜振る舞いというのは、地域によって、やらない所もあるようです。名古屋がそうでした。

私は、関東のお葬式しか知らなかったので、なんのおもてなしもせずに、ちょっとした会葬返礼品(名古屋ではハンカチセット)だけ持たせて、弔問客を帰すことに驚きましたが、関西方面は、そういう所が多いとか。

ちなみに、うちの場合は家族葬だったので、会葬返礼品は用意しませんでした。

この夜は、姉夫婦が斎場に泊まって、ホトケ様のそばにいてくれることになりました。夜伽です。

夜通し線香をたき、ろうそくの灯をともし、ホトケ様を守るわけです。私と夫がするつもりでしたが、私の疲労を心配した姉が、申し出てくれたのです。

「疲れたでしょう、今夜は家でゆっくり休んで」

「え、そんな、私と夫が泊まるから」

「ダメダメ、さ、帰って早く寝てちょうだい」

「そう？　いいの？　ありがとう、お言葉に甘えさせてもらうね」

これは本当に、ありがたかったです。


この夜伽、名古屋での舅のお通夜のとき、私はひどい目に遭いました。名古屋全体がそうなのかどうか分からないのですが、夫の実家は、一族郎党全てが葬儀場に泊まるのです。

しかも、その斎場の畳の部屋は、三畳しかなかった！　いくら夏といったって布団もない。雑魚寝にしても、そこに一〇人寝られるわけもないから、たいていの者は、ホトケ様を安置してあるホールのイスで、夜を明かすことになるのです。これにはびっくりしてしまいました。

若いもんはいいとしても、七十代のおばたちが、イスに座って背中を丸めウツラウツラしているのです。私はあまりにも気の毒で、つい言ってしまいました。

「おばさま、お疲れでしょう。ご苦労様なことです」

「はあ、あんたのお義父さんも、ウチの人が死んだときに泊まってくれたでなあ」

でも、そのとき義父はかなり若かったわけですから、今のおば様と一緒に考えるのは、あまりにも、その……。

私は憤怒に駆られ、葬儀が終わってから、夫に食ってかかりました。

「なんであんなことすんのよ！」

「なあ」

「なあじゃないでしょ！」

「だって、おふくろと弟がしたことだからさあ」

「葬儀場になんか、あんたと弟さんが泊まりゃいいの、二人でホトケ様を守りゃ、それでいいの！」

「だよなあ」

お義母さんのときは、そうしてよ！

お葬式のときは少しぐらい無理しても、という考えが、私にはどうしても受け入れがたいのです。

ちょっと考えれば、無理なんかしなくて済むじゃないですか。無理をすることに快感や達成感を感じる人もいるでしょうが、少数派だと思います。

＊告別式＊

姉の配慮でお通夜から帰った私は、家でゆっくり寝るはずでした。が、翌日のことをあれこれ考えると、目が冴えて眠れません。まずいなあ、と思っていたら、案の定、朝起きたら、肩、背中、おなか全部がパンパンに張って、とても苦しいのです。

慌てました。私は喪主、告別式に出ないわけにはいかない！

原因は寝不足、そして、冷えのせいだったとも思います。

真夏だったので、斎場は、冷房がガンガンに効いていました。冷え性の私には辛い。おまけに喪服はスカートだったのです。今考えれば、パンツスーツにしとけばよかったと思うけど（和服はひとりでは着られないので）、そのときは、喪服のことまで頭が回りませんでした。

斎場は、夏はとんでもなく冷えるし、夏以外でも、けっこう寒いです。

一般参列者とは違って、遺族は長時間そこにいることになるわけです。お坊さんの読経がクソ長い、もとい、非常に長かったりして。ですから、保温対策だけは怠りなく。スカートをはくなら、ロング丈がいいし、ブーツをはくという手もあります。ホッカイロをバッグに忍ばせておくことも、お忘れなく。

さて、パンパンに張った私の背中とおなかです。窮余の一策、ハリを持ち出しました。ハリ師なのに、ハリが嫌いな私。そして下手な私。

治療院を開業していたときも、患者さんからよく言われていました。

「先生のハリ、痛〜い。で、ちっともよくならな〜い」

「少しはマシになったって、言ってたじゃないの！」

「またすぐ、元に戻りました〜」

つまり、私が鍼灸師の仕事を休んでいたのは、体力のなさに加え、腕の悪さ、というのが、本当のところだったのです。効いたためしがないのです。

でもこのときは、そんなこと言ってられません。足のツボというツボに刺しまくりました。足には、胃の経絡があるのです。エイッ、ブスッ、ブスッ！　痛っ、我ながら下手っ……しかしです。

なんと、あれだけ張っていたおなかと背中がペシャンと楽になり、食事もとれるようになったではありませんか！

奇跡のようでした。母が心配して、あの世から手を貸してくれたのかも、などと思いつつ、何とか告別式に出ることができたのでした。


告別式も、うちは極めて簡素。

お通夜と同様、献花して喪主の挨拶。棺に入っている母を、祭壇に飾ってある花で埋め尽くします。顔だけ残し。

さて私、この顔を見て絶句しました。母が、口をアングリと開けていたのです。普通は、死後硬直が起きる前にアゴを固定して、形を整えるのです。私は、それを忘れてた！

病院のスタッフも、葬儀屋さんも、夫も、何も言ってくれなかったし……ごめんね、ばあちゃん、若いときは、美人で鳴らしたのにねえ……グスン……心で謝り続けながら、斎場に併設されている火葬場へと、向かった次第です。


どこの火葬場も、だいたい混んでいるものなのですが、この日はどうしたものか、すいていました。うちと、例の豪華なお通夜のお宅だけ。火葬炉の前に安置された立派な棺の前で、お坊さんがお経を読んでいます。

このお棺、五十万円くらいしたのかなあ……などと私は、チラチラ見やりながら、思ったりするわけです。向こうも、密かにこちらを見ながら、おやまあ、こぢんまりとしたお葬式だこと、なんて思っていたのかもしれませんが。

そうこうしているうちに、火葬場の係員の方の合図で、こちらも一同合掌。

ホトケ様は、スルスルと火葬炉の中に。火葬されている約一時間半の間に、食事をとりました。

この食事、いわゆる「精進落とし」ですが、全てが終わってからする場合もあります。でもうちは、待つ間に済ませました。

そして、このときアクシデントが！　ずらりと並んだ精進落としは、みな同じ料理。それを見た甥の幼稚園児の子供が、泣き出したのです。

「ウエーン、ぼく、このお魚食べられなーい！」

しまった！　子供用を頼むの忘れてた！

と、そこに姪。

「あ、ごめんね、おばちゃんが悪いよね」

「とんでもないです。おばさん、気にしないでください」

姪、子供をにらみつけ、

「贅沢言うんじゃないの、お魚好きでしょ、ホラ、食べなさい！」

「イヤ！」

しかし姪は、魚の切り身を無理やり子供の口に突っ込み、子供は涙目で魚をアグアグし、
私は、それを見ながら溜息……。


何もかも一人で手配したものですから、子供のことまで気が回りませんでした。

夫がいても、何の役にも立たなかったわけでして……。

やはり、しっかり者のサポートが必要です。ただあまり大勢のサポートは、うるさいだけでかえって邪魔、ということにもなりかねないので、ここら辺も、事前によく考えておくといいと思います。

そうこうしているうちにも、

「御集骨の時間です」

と、係りの方が。集骨室へと案内されます。骨になった母がそこに……。

一つのお骨を、対面の相手と一組になって箸で同時に拾い上げ、骨壷の中に入れていきます。母の骨は、年の割には立派でした。ホント母は、骨のしっかりした人だったのです。

「あたりまえだろ、子供のころのおやつはイナゴだったんだからね」

という声が、聞こえてきそうでした。腰痛も骨折も、生涯で一度も経験することもなく、だから寝たきりにもならず、私の介護を楽なものにしてくれた……オムツをつけたのも、ほんの少しの間だったね……偉かったね……などと思いつつ骨を拾っていたら……。

とうとう涙腺決壊!

ううっ、ばあちゃん!

ばあああちゃゃゃーん!

兄姉が寄ってたかって、慰めの言葉をかけてくれましたっけ。

よくやった、ありがとう、エトセトラ、エトセトラ……。

この後、葬議場に戻って、故人が三途の川に辿り着くとされる初七日法要を済ませてしまう、というのが、お坊さんに来て頂いた場合の流れだと思いますが、うちはこれで終り。

終りです。一大イベントが終わったのです！

疲れました。

骨になった母を抱えて家に戻り、ぐったりと倒れこんでしまいました。

疲れ切りました。

お通夜と告別式を一緒にして、一日ですますワンデーセレモニーにしていたら、あんなに疲れなくてすんだのにと、今にして思うわけです。家族葬なのだから、それでよかったのです。

でもあのときは、そんな知識もなく、型通りにしてしまって……。

泊まるほどではないけれど、けっこう遠いところに住む七十代の兄にも、二日続けて足を運ばせなくてもすんだのになあ。告別式の朝、兄の体が、少しふらついていたような気がする。

「ごめんね、兄さん、私、気がきかなくて」

このことに関しては、あとあとまで後悔しきりでした。

さて、これが我が家の葬儀明細書です。

病院搬送＝三万五〇〇〇円
お棺＝五万円
霊柩車＝一万二三〇〇円
遺影写真＝一万五〇〇〇円
骨壺＝七〇〇〇円
献花用生花＝四〇〇〇円
ドライアイス＝二万円
施工監理費＝一万円
告別式用精進料理＝六万三〇〇〇円
通夜用料理＝七万二〇〇〇円
飲み物＝三万円
斎場使用料＝八万一〇〇〇円（火葬料込み）
＊〆て、三九万九三〇〇円（プラス消費税）也。

祭壇に飾った花だけは別口で、子供たちと孫たちが、費用を出し合いました。他に三つ程の花輪が届き、充分にきれいな祭壇になりました。豪華には程遠いにしても、貧相でも、見苦しくもない。母も、

「そうそう、これでいいんだよ」と、思ってくれたに違いないです。

それから、他の費用としては、心付けがありますね。しかしこれは、その地域によっていろいろだと思います。御近所の方にお手伝いをお願いした場合のお礼や、運転手さんへのチップが必要な場合があるかもしれません。こういうことは、周りの方々が教えてくださるはずなので、それに従えばいいと思います。

＊ある程度の現金を用意する＊

故人の銀行口座は、亡くなったと分かった時点で凍結されます。ですから遺族は、生活費の確保などのために、亡くなる前に、引き出せるだけ引き出しておく、という手もあります。

しかしあなたの立場上、相続の権利がある人からクレームがつく、ということがあるかもしれません。

「ありゃ、父さんの通帳、からっぽだがね！」

「あ、それは、必要経費としておろしておいたんだ」

「必要経費って、あんた、で、なんぼ残ってんの？　え、全部使った！　そりゃ、問題だがね！」

なんてことになると、厄介です。つまらない言いがかりや、誤解を避けるためには、領収書をすべて取っておくなどの工夫も、必要かもしれません。

葬儀屋さんに払うお金は後払いにしても（カード不可が多い）、こまごましたことに、けっこう現金が必要です。うちは市営の斎場を利用したのですが、これは即日払いでした。ある程度、自由になるお金を用意しておかないと、

「えっ、ない、誰か貸して！」

なんてことになりかねませんから、ご注意ください。

あっ、と驚く香典返し

「マイお葬式」をしたのだから、
香典返しも、「マイ香典返し」でいきましょう
そのほうが、絶対喜ばれます
海苔より、お茶より、カタログよりも、あれです

＊香典さま＊

香典って、本当にありがたい。これがなかったら、うちは困りました。香典、さまさまです。

さて、お返しですが、どういうふうにするのが、一番いいのでしょうか。

「お香典は、ユニセフに寄付させていただきました」などというのもあるし、特にお返しはしない、というのもあるし。**即返し**というのもあります。お通夜や告別式のときに、お返しの品を渡してしまうというもの。これだと、面倒がないですね。いろいろです。つまりは、好きなようにするのが一番、ということでしょうか。うちは、

「あなたのとこは、見内だけなんだし、しなくてもいいんじゃないの？」

と言われそうですが、しました。ささやかに、心を表したかったから。

「おかげさまで、母は大往生しました。香典を頂き、それで無事、お葬式もすませることができました」

最期の介護こそ私一人でやりましたが、それまでの間には、数限りなく姉たちに支えられました。そのありがとうの心を、どうしても伝えたかったのです。

だけど、すごく悩みました。何がいいかなあ……ああでもない、こうでもない、うーー

ん、あっ、閃いた。

現金で返そう！

ドヒャーッ！　でしょ。実は、これにはいきさつがあるんです。

　私が結婚したのは一九年前。私、四六歳で再婚。十歳年下の夫は初婚。

　出会いは、その二年前の鍼灸学校。私が生徒で、夫は、教養科目の社会学の非常勤講師でした。ちょっと、ヌボーッとした感じでしたが、なかなかのイケメン。誘ってみました。

「日曜日、動物園に行かない？」

　いいよ、と、あっさりついてきた夫。彼女無し歴一五年の、つわものでした。誰が誘ってもついてきたのかな、とも思いましたが、彼は、そんなことはないと、激しく否定しておりましたっけ。

動物園の次は、美術館。さらに博物館と、日曜ごとに会うようになり、付き合いは深まっていきました。そしてお互い、結婚を意識するように。

でも私は、かなり悩みました。だって、あまりにビンボーで、頼りなくて……。デート代なんか、みんな私持ちなんですから。

電話も、当時はケータイなどなく、固定電話でしたが、彼からかけてくることはまずありません。いつも私から。一ヶ月の料金が、四万円になったこともありました。ため息。

でも、でも、私は結婚するしかなかった。年が年なもので、将来が不安でした。

母が死んだら、私は一人ぼっち……。

ぼっちは、嫌だあっ！

私は、バツイチ。若気の至りで学生結婚。すぐ離婚。しかも、子宮全摘手術を受けている身、つまり子供ができない身体。それを、

「あ、おれ、そんなこと、ぜーんぜん気にしないから」

と、言ってくれたし、母との同居もオーケーしてくれた……優しいとこもあるんだよね
……ま、いいか、これで。

ということで、二年付き合って婚約したのでした。
そんな私たちに、母は、
「あ、そう、よかったね」
と、いともあっさりしていましたが、名古屋の両親は大反対。
「こんな老けとる女のどこがいいんじゃ！」
と、私の写真を見せた夫に、舅は怒りまくったそうです。姑も同じく。
もっともだと、私は思いました、思ったけど、私も引けない。だって、
ぼっちは嫌だぁ！
拝み倒しました。夫も必死。めげません。
「なんぼ反対されても、オレの気持は変わらんから！」と言い続けて、半年。
とうとう、名古屋が折れました。折れてくれました、シブシブ。
なんであれ、嬉しかったです。

結婚式はしませんでした。代わりに親族を招待して、名古屋で簡単な食事会をしたのですが、そのときのことです。みんなが、御祝儀を包んで持ってきますよね。
名古屋人はこういう場合、気張るというか、見栄を張るというか、十万円ぐらい包んで

持ってくるわけです。

「まあ今日は、めでてーでいかんわ」

「お二人さん、幸せになってちょ」

といった感じで、ワイワイ賑やか。ところが宴も終りの頃、いきなり舅が、

「御祝儀の三分の二を返す」

と言いだしたから、たまりません。

「なに、バカなこと言うがや、新郎新婦にやったもんだでよ！」

「だで、せいぜい一、二万のご祝儀にしてくれって、ワシがあれほど言っとったのに、こんなに包んでくるのはなんでだ！」

「何でもなにも、あんたにやるんとちゃう、新郎新婦にやるがや！」

「だで、それが間違いだっちゅうだ。ワシは、ホントに正直もんだでな、言ったとおりに、引き出物は風呂敷しか用意しとらん！」

「おお、上等だわ！」

「風呂敷で、十万円ももらうわけにはいかん！」

何を、このっ、と乱闘が！　いや、そこまではいきませんでしたけど……。

舅の心は理解できました。名古屋の祝い事は、派手すぎる。それは、年金暮らしの身には負担。いい加減やめようじゃないか……。

お義父さん、お気持ちは分かりますが、目の前で祝儀袋こじ開けて、中身をワシ掴みにして、三分の二は返す、っていうのは、いくらなんでも、ちょっと……。

親戚全員の大ブーイングは、さすがの舅もいかんともしがたく、御祝儀は受け取ることにしました。でも引き出物を、風呂敷だけにするわけにもいかないので、後で千葉の名産を送るということで、なんとか決着がついたのでした。

＊お金返し＊

私は、このときの舅のアイデアは、なかなかのものだったと思います。斬新にして合理的。でも、その場ではまずい、あとにすればよかった。

舅の気持ちを書いた手紙を添えて、半額返しにすれば、きっと皆さんに分かっていただけたのでは、と思います。で、このアイデア、私が使うことにしました。

兄姉からもらった香典は、その三分の一（ま、他人ではないのでこの位で）の現金に、お菓子などの嗜好品を添えてお返しする、という形にしたのです。

評判は、上々でした。

「こんなことしてくれなくていいのに……でも、正直、品物なんかよりいいよね」

という姉たちの言葉に、私は鼻高々。

お義父さん、ありがとうございました。


あなたも、ユニークで喜ばれるお返しを考えてはいかがでしょうか。

たかが香典返し。ではありますが、事務的に、どうでもいいような品を送るよりは、こっちも楽しんじゃったほうがいいような気がします。

でも、ものすごい数のお返しだとしたら、それはもう、適当に。

我が家のは、あくまでも少人数の場合のご参考までに、と、思う次第です。

第二章

お墓ってヤツは

どこに眠ったって、いいじゃない

死んだら自由、あっちフラフラ、こっちフラフラ
行きたい放題、やりたい放題
だから、好きなところに眠らせてあげましょう
どうせそこになんか、いやしないんだから

＊お墓拒否＊

さて、次はお墓です。

四九日が過ぎたら、そろそろ納骨の時期。

お墓のない人は、捜さなければなりません。うちは、父と長兄が眠っているお墓があるのですが、母は生前、そこは嫌だと言っていました。

夫婦仲が特別悪かったわけではないのです。ただちょっと、事情がありまして。簡単に言うと、小さな町工場を経営していた長兄が、多額の借金を残して自死してしまったのですが、死後、父が遺した家（母と私が住んでいた）を抵当に入れていたことが発覚したのです。

弁護士を雇い、裁判に持ち込みました。二年半を費やし、なんとか和解へ。家を売ることにはなったものの、売却額の半分は、こちらの権利として得ることができました。しかし、このことで母はすっかり疲れて嫌気がさし、

「アタシ、うちのお墓になんか入りたくない！」

と、こういう事なんです。

「分かる、分かる、あの兄貴と一緒じゃねえ。それに、兄貴の嫁さんともうまくいってな

いし、別のお墓造ろ」と、子供たちみんなが思い、「そんなこと言わないで、夫婦なんだから、親子なんだから、お墓は一緒に。ね、考え直して」なんてことを言いだす者は、誰一人いないのでした。

＊マイお墓＊

新聞や週刊誌の人生相談なんか見ていると、昨今、お墓で悩む人はけっこう多いような気がします。

「田舎の甥っ子が、先祖代々のお墓を守るのはもう嫌だと言っているが、どうしたらいいか」とか、

「＊＊家のお墓に、次男坊の夫は入れるのか。入れるとして、入墓料（?）は必要か」

はたまた、

「お寺へのお布施をきょうだい全員で負担しよう、と長子は言うが、いくら親の墓でも、全員で負担するのは納得いかない。その墓に入る者が、負担すればいいではないか」など

など。

遺族は何かと大変です。でもこの大変さ、私は最小限にしたい……ずっと、そう考えてきました。

そもそも我が家は、無信心者の集まり。特に母は、父のお墓参りもロクにしたことがないという、とんでもない人でした。

母の口から、命日だからどうするこうする、とかいう話は聞いたことがありません。

「生きているうちだけ。死んだら、もう、なーんもないんだから」と、

「死んだ者より、生きている者がずーっと大事」が、母の口癖でした。

明治生まれにしては、珍しい『バチ当たりな人』だったのです。そしてその血は脈々と、子供たちに受け継がれているわけです。そんな母だから、

「私の骨なんか、そこらに撒いてくれればいいんだよ」

ということでしょうが、まあ、そういうわけにもいかないので、母のためだけのお墓探しをすることになりました。

費用は、母が残したお金が五〇万円あったので、できればそれで。足りなければ、少しぐらいなら私が負担するつもりで、探し始めたのですが……。

かなり、難航しました。

＊そのお墓、気をつけて＊

母が亡くなるずっと前、インターネットもない頃、私はチマチマと本屋や図書館へ行っては調べていました。

お墓、お墓、お墓、安くて良いお墓ないかなあ……。

ちっちゃくて、めんどくさくなくて、ばあちゃんがひっそりと眠れて、私たちも時々会いに行けて、行くと清々しい気分になれて……なんてことを思い描きながら、アッチコッチ、ペラペラとめくっているうちに……

ありました、**個人墓！** まさに、探し求めていた個人で入るお墓が！　独身の人、後継者のいない人などが、一人で入るお墓。今なら、こういうお墓はいくらでもあるでしょうが、一〇年以上前というと、それほどはありません。出始め、という感じでした。

少子化、非婚などの社会風潮に合わせて、そろそろこんなお墓があってもいいんじゃないの、ということだったのでしょう。

そしてです。な、なんと、母のふるさと、東北のS市に、それがあったのです。まだ日本に数ヶ所しかないというのに、それが母のふるさとにある！

ここしかない、と思いました。母の死後、早速パンフレットを取り寄せました。

運営しているのは、由緒正しいお寺でした。

丘の上に新しい墓所を造り、個人墓も、その一角にあるらしい。眼下には、懐かしの田園風景。遥かに、兎追いし山々。そよそよと風が吹き渡り、川面が揺れる……。

うーん、これなら母も喜んでくれるに違いない。ところが……。

電話で詳しいことを聞くと、どうもはっきりしない。値段が、パンフレットに書いてあるのと違うのです。

「あの、確か、もっと安く……」

「ハアー、それならそれでも、いいですがね、できないことは、ないですがね」

分かんないことを言うなあ。首をかしげながら、もう一つ質問。

「お骨は、一人一人のカロート（納骨棺）に安置されるのでしょうか？」

私は、個人墓購入経験者の友人から、

「骨をどのようにして埋めるのか、よく聞いておいたほうがいい」と、アドバイスを受けていました。

個人墓は、個人の、つまり一人で入る小さなお墓なわけだから、

「骨をどのように埋めるも何も、小さなカロートに骨壷が一つじゃないの」

と、私が言うと、

「それがね、集合墓のように骨をいっしょくたに放り込んで、ハイ個人墓でございい、なんて業者もいるのよ」

と、言うのです。**集合墓**？　そっか、そういうのもあったっけ。

集合墓とはその名の通り、多くの人の骨を合祀するお墓です。大きな石碑かなんかが建っていて、その下にみんなで眠る。

「個人墓は、個人のお墓だからなあ……」

「そうでしょ、よく聞いてみたほうがいいよ」

分かった。ということでの質問だったのですが、いきなり怒られてしまいました。

「そんな事は、いちいちあだこうだ言う問題じゃないと思いますがね！」

な、何でよ！　挙句の果てに、

「管理料を貰います」と、きた。

そんなこと、パンフレットに一言も書いてない！

＊やめますから＊

個人墓は、基本的に後継者がいない人が入るお墓だから、年間管理料が必要となると、面倒くさい。それ、誰が払うの？　ということになります。なのに、管理料を取るところは、けっこうあるのです。それにしてもこのお寺、なんか胡散臭い。

本当にここに決めていいのだろうか？

「もう少し考えてから、改めて電話します」

と言って電話を切った後、考え込んでしまいました。たしかに場所はいい。母のふるさとだもの。父のお墓と母のお墓を別にするといえば、今、父のお墓を管理している兄嫁にとっては面白くないだろう。

でも、母のふるさとに骨を埋めると言えば、まあ仕方ないか、と思ってくれるかもしれないのだ。不必要な摩擦は避けたい。ただ、こうもわけの分からないことを言うんじゃ……。

話の感じだと、絶対に集合墓だ。それを個人墓なんて言っちゃって、友達が忠告してた通りじゃないの。やめようか……でも、ばあちゃんの生まれ故郷だし……。どうしよう……。かなりウジウジ悩みました。そして数日後、出した結論は、こんなに考え込まなきゃならないとこ、やっぱりだめだ！　すぐ電話しました。

「キャンセルします！」

「あ、そうですか！」

ガチャン。

こちらもガチャンで、もう、すっきりしました！

さてと、別のお墓探そう。こうなったら、うちに近いほうがいい。もう、兄嫁の思惑なんて考えるのはやめよう。母自身が、うちのお墓に入るのは嫌だって言ったのだから……

でも、ないよねえ、そんな都合よく……。

と思っていたら、新聞にチラシが入ってきました。

バラ咲く霊園、永代供養墓あり。

おおっ！　で、でも、管理料は？　4タイプあり。管理料なし。

ここだ！　すぐ飛んで行きました。

ここ、お墓ですか？

もう、今時のお墓ときたらビックリしちゃいます
素敵にお墓らしくない
こんなお墓だったら、千の風にもならず、
そこに、いちゃってたりして

＊花園ですか？＊

そこは、我が家から電車で一〇分、さらにバスで一五分のところにありました。

入り口を季節の花々が彩り、お墓を取り囲むようにバラが咲き乱れています。

普通のお墓が大半を占めていますが、中には、とんでもなく豪華なものも。畳半畳分もあろうかという墓石に、大きく「愛をありがとう」と墓碑銘が刻まれ、周りを、花壇のように花で埋め尽くしているのです！

それらの一角に、永代供養墓のコーナーがあり、集合墓、個人墓、夫婦墓、家族墓が並んでいます。

一つ一つのお墓に、寄り添うように植えられたベコニアが愛らしい。水道の取っ手がウサギ、という芸の細かさも泣けてきます。

広大な敷地を有するこの霊園は、お墓というより、庭園です。バラ咲き乱れる庭園。

卒塔婆も、普通のお墓にあるものよりかなり短い。美観を損ねない配慮なのです。お墓も進化したものだと思って感心していたら、係の人曰く、

「最初の頃は、お墓にバラとはなんだ！　と、怒る人もいました。でも、だんだん認知されてきました。苦労して造った霊園なんですよ」

それはそれは、どうも、ありがたいことで。

バラほど華やかな花はない。華やかなお墓。涙の似合わないお墓。笑顔の似合うお墓。いいなあ。最近造ったという、東京方面の霊園のパンフレットも見せてもらいましたが、これまた凄い。バラ咲き乱れるだけじゃなくて、噴水までも！

うーん、今時のお墓は、こうなのね。父のお墓より、断然いい。ここにしたいね、ばあちゃん。でも、お値段は？

そうしたら、聞いてびっくり、なんと五〇万円！　母が残したお金ポッキリとは、なんてラッキー。名前彫刻料として、別途三万円プラス消費税がかかるだけ。

もう、即決でした。ちなみに、他の永代供養墓の値段は、

家族墓　一五〇万円
夫婦墓　一一〇万円
集合墓　三三万円

低所得な我が家としては、集合墓の三三万円というのはかなり魅力的でした。

なのにどうして個人墓にしたか。それは、名前の大きさです。

個人墓は、小さいとはいえ、一人だけのお墓。骨壷を収めたカロートの上に、名前を大きく刻んだプレートが貼られます。集合墓のほうは、石碑に、みんなの名前が小さく刻まれるのですが、これだと兄姉が、

「どこ、どこ、ばあちゃんの名前、どこ？」

なんて、必死で探しているところを想像してしまって……やっぱり、個人墓かな、と思ったわけです。母のお墓、母だけのお墓。母を独り占めできるようで、なんかいいなあ、という気もしましたし。でも母にしてみれば、

「そんなの、どっちだって、かまやしないよ」

ということなんだと思います。

＊納骨は、ささやかに＊

納骨は秋半ば。夫と私の、二人だけですませました。

他に誰も⁉ と、驚かれそうですが、呼びませんでした。お寺と違い、面倒なことは何一つない霊園での納骨なので、みんなでゾロゾロ集まることもないかな、と思ったのです。一緒に暮らした私と夫が付き添えば、それで充分かな、と。

集まるということは、お金がかかるということです。お葬式で散財させてしまった上に、ここでまた無駄な出費をさせるのは心苦しい、そう考えました。でも、

「少しぐらいお金がかかっても、やっぱり子供くらいは、全員集まったほうがいいんじゃないの？」

というご意見があるかもしれません。

「だって、親のことじゃない。少し、端折り過ぎじゃないの？」

たしかに。私、舅の四九日にも、一周忌にも行かなかったですしね。

言い訳がましいのですが、その頃の私は、母の介護と、末期がんの姉の看護に追われ、

とても疲れていました。姑は、

「なんぼ介護してたって、泊まりゃー言っとるんと違うがね。日帰りでいいんだわ、そんくらい、なんでできんのか、私には分からんのだわ」

と、カンカンでしたが、私としては、

「あんた、疲れとるだで、来んでもいいからね。お母さんとお姉さんを大切にな」

という言葉の一つも、欲しかったわけでして……。

＊納骨は、たったの一〇分＊

個人墓は、石碑が立っていて、その両側に、十個ずつのカロートが並んでいるというもの。各々のカロートの上にプレートを貼り、名前と生年月日、没年月日が刻まれます。西洋風の小さなお墓、という感じです。

お骨は、三三年間そのカロートに眠った後、石碑の下に合祀される。つまり、土に還るわけです。ウン、それでいい。三三年後は、私もこの世にいない（はず）。何もなくなる。清々しい。納骨にかかった費用は、

花　一〇〇〇円。
お線香を置くための台の貸し出し料　三〇〇〇円。
お骨をカロートに収めてくれた霊園関係者に、お礼として　一〇〇〇円。

これだけ。読経もなく、かかった時間は、たったの一〇分。私と夫がお線香を上げて、手を合わせ、それで終わり。二、三枚写真を撮り、霊園のチラシと共に、兄姉に送りました。こんな内容の手紙を添えて。

「＊月＊日、母の納骨を済ませました。
花に囲まれた、かわいらしいお墓です。
時間がありましたら、訪ねてやってください。
今後のことですが、
一周忌、三回忌等の法事は、特に考えていません。
それぞれが、行ける時に行ってやれば、それが何よりと思います」

相変わらず手抜きしすぎではないか、と言われそうですが、兄姉いろいろ事情を抱えているし、その事情を無視して、法事だ、出て来い！　と号令掛ける必要もないかな、と思ったのです。全員がつつがなく暮らしているなら、みんなで集まって母を偲ぶというのは、それはホントにいい事です。

でも、つつがなくない、という者もいるわけです。

「俺んち、今大変。金ない」とか、

「私、離婚するかも……」とか、

「医者から、外出禁止令が出てる」とか。

ま、いろいろです。

なので、私の独断で法事はなしにしました。

我が家の場合、どこからも、クレームはありません。

＊お墓も個性的に＊

こうして我が家は、父と母のお墓が別々、ということになったのですが、このことに関して友人たちの感想は、真っ二つに分かれました。

「いいのそれで？　可哀そうな気がするけど」と、慎重派。

「なんで？　あ、そういうこと、なるほどね、いいんじゃない」と、あっさり派。

慎重派の気持ちも分からないではないので、きちんと説明をしました。

「母が亡くなる一年前に、姉が亡くなっているんだけどね、私、姉のお骨を少し分けてもらってたのよ。で、母のお墓に一緒に入れたわけ。父のお墓には、兄が一緒にいるわけだし、両親とも淋しくはないんじゃないかなあ」

するとだいたいは、フムフムという顔をしてくれます。

で、あっさり派とは、お墓談義となります。

「今、お墓もいろいろだよねえ」

「ホントホント。ビルの中のお墓とか」

「木の下に埋めてとか」

「あ、うち、猫、木の下に埋めた」

「じゃなくて、**樹木葬**。知らないの？」

「もちろん知ってる。墓地に骨を埋めたら、傍らに木を植えて墓標にする、ってやつでしょ」

「そうそう。で、あなたは、どうするつもり？」

と、水を向けられ、私、決めました。「**散骨**」です。

私たち夫婦は子供がいません。お墓なんか造ったって誰も来るわけじゃなし、散骨でいいということになったのです。

山好きの夫は、剣岳に灰をまいてくれと言っています。

「剣岳⁉　大変じゃない、そんなとこ」

「業者がやってくれるから、心配ないって」

「あ、そう。でも高いんじゃないの？」

「いや、一五万円位ですむんじゃないか」

「交通費込み？」

「それは、ちょっと……」

「正確な料金をきちんと調べて、そのお金、残して死んでよ」

私は、ふるさと、東北の川に魚葬。遺体を川に投げて、魚に食べてもらう。ユラユラと水にたゆたいながら、今日は右手、明日は左足と、お魚クンにつつかれて、気がつけば、きれいさっぱり骨だけに……。

ま、そうもいかないだろうから、灰をまいてもらおう。

夫婦別々のところに散骨するというのが、なかなか気に入っています。

なにも死んでまでも、一緒にいなくたってねえ。

第三章

全てが終わったその後で

こんなことになるなんて

終わったけど終わらない

心、モヤモヤ

さてどうしよう

ここは、自分でなんとかするしかありません

＊来ました、ウツ＊

納骨が終わったということは、ほぼ全てをやり終えたということです。

後は、相続の問題がありますが、これはそれぞれです。お金持ちは大変ですね。

うちは関係なし。ですから私は納骨の後、さっそく以前の生活に戻っていくはずでした。

完璧とは言わないが、そこそこはやった。さあ、前進！

……の、はずでしたが……なんと、**ウツになってしまったではありませんか！**


母が恋しくて、たまらないのです。

もう一度会いたい。でも会えない。二度と会えない！

悲しくて、辛くて、やりきれない。いっそ後を追って死にたい！

もう、これぱっかり。まさか、こんなことになるとは思ってもいなかったです。


父が亡くなってから一緒に暮らした二〇年の間、母とはケンカばかりでした。何日も口をきかないなんてことは、しょっちゅう。末っ子なのに、そのときたまたま独身だったばっかりにビンボーくじ引いて、こんなトンデモばあさんと暮らすはめになった私は、なんて不運なの！　と、よく天を仰いだものです。

だから、母との別れは私にとって、「さいなら、バイバイ」とか、「んじゃあね」とかいう、至極あっさりしたものになるはずだった……のですが……。

なんたること、私は母恋しさに、泣きわめいている！


原因は明らかでした。私と母の関係は、ビックリするくらい、変わっていたのです、八ヶ月の間、そりゃたしかに介護は大変だった。

でも母は、私にとって、「たまらなく可愛い人」になってしまっていたのです。

「看護婦さん、看護婦さん」と、甘えてくる。あの、自己チューで、ソトヅラばかり良くて、家の者には尊大だった母が、娘の私に甘えてくる。

しかも、「死」が近づくにつれて、母の心は、だんだん洗われたように、きれいになっていく。か細い声で、「ありがとう」「悪いね」「疲れるから休めば」なんて、今まで言ったこともないようなことを言う。

みんなこうなんだろうか。お迎えが近いと、こうなるんだろうか。

でも、言われるこっちはたまらない。ばあちゃん、死ぬ前からホトケ様になっちゃって、もう、可愛すぎるじゃないよ！

そのとき、私はたしかに、母を愛していました。

絶対にあり得ないと思っていた、「母を愛する」生活。

あるいは、「母に愛される」生活。幸せでした。

なのに、今、ここに、母はいない！　いない、いない、いない！

そしてです。

悲しい、辛い、恋しい、も、さることながら、苦しい、恐ろしい、という思いにも襲われ始めたのです。それは、

母を殺してしまったのではないか！　という思いです。

母は認知症が進み、家の中をうろつきだし、尿の出が悪くなって身体がむくみだし、と、容態が急速に悪くなっていったのです。

私は、母の食事量を減らしてみようと思いました。母の身体は、もう多くの栄養物を消化する能力が失われているのだ。少ないほうが、きっと体調が良くなる……。

思った通りでした。尿がよく出るようになり、夜に眠れるようになって、うろつきもな

くなっていったのです。だから、あれで良かったのだ。私のしたことは間違ってはいない。

でも……。

ほんとに、ほんとに、ほんとに、ほんとうに？

少しのご飯で、「もう充分」なんて言ってたけど、あれはヤセ我慢で、ほんとはもっと食べたかったのではないか。

ひょっとして、私を介護から開放して楽にしてやりたい、そのために、早く死んでやろうなどと考えていたのではないか。

きっとそうだ！

骨と皮ばかりになりながら、「なかなか死なないねえ」なんて言ってたけど、こんな言葉、普通言えるもんじゃない。私のために、母はもう死ぬと覚悟し、その通りにした！

ごめん。私、ばあちゃんに悪態ついたことがある！　手を振り上げたことも！

一度、ウンチを漏らしたことがあった。たった一度だけなのに、私ったら風呂場に、ばあちゃんの身体をワシ掴みにして、引きずって行った。ばあちゃん、ブルブル震えてた。

大丈夫、お風呂で洗い流そうね、って、なんで優しく言えなかったのか、しょっちゅうしているならいざしらず、たった一回のお漏らしだったのに……。

なんで、なんで、なんで！

涙があふれて止まりません。
道を歩きながらでも泣いていました。
もう、どうにもならないのです。ああ、死んでしまいたい、母のそばに行きたい！
寝ることも、起きることも、ままならない状態でした。

介護を終えた人が、みんながみんな、私のようになるとは限らないと思います。でも、大満足で介護を終える人も、少ないのではないでしょうか。
あれこれと、悩む人もいるでしょう。もしもあなたが、私のようになってしまったら……。どうぞ参考になさってください。

のたうち回り、出口の見えない日々を過ごしていた私を救ってくれたのは……

猫でした！

＊シロかあさん＊

母が亡くなって、半年ほど経った春の頃でした。痩せた白いメス猫が、我が家の庭に、恐る恐る入ってきたのです。いいのかニャー、ってな感じで。

いいんだよ、なんだったら、うちの子になったって、いいんだよ、という顔を、おそらく私はしたのでしょう。メス猫は、ためらいもなく我が家に住み着いてしまいましたから。

そして、白いから「シロ」と、簡単極まりない名前をつけられたその猫は、なんと、あっという間に三匹の子猫を産んでしまったのです！

いやはや、まだ小娘だと思っていたら。

よけいなお世話だったのかもしれませんが、私はシロかあさんを手伝いました。子猫たちの世話を、何くれとなくみたのです。特に未熟児のサバトラには、これ以上は無理、というくらいの心配りをしました。

日に何十回となく、猫部屋と人部屋を往

復し、やれミルクだ、離乳食だと、ペットショップへ飛んで行き、朝は早く起きて、夜は遅くまであれこれしている。

するとです……。

子猫たちが、日に日に大きくなっていくと同時に、私のウツも、少しずつ良くなる気配が見えてきたではありませんか！

ペットセラピーというヤツです。可愛い、と思う気持ち。フワフワの毛を撫でて感じる心地よさ。それらが、ささくれ立った心を潤してくれたのです。

子猫たちを抱きしめると、

「守らなければ！」という強い思いに駆られました。

「なんでもする、なんでもできる！」

母性本能が刺激され、奮い立ちます。そして気がつけば、

あれっ、私、最近泣いてない！

ということに、なっていたのでした。

ですから私は、ウツ対策にはぜひ可愛い動物を！　と言いたいのですが、動物が苦手な方も、いらっしゃるはず。そういう方は趣味に没頭するとか、ボランティア活動をすると

か、いろいろあると思いますが、私がお勧めするのは、これです。

「書く」ことです。

＊死刑から無罪＊

それまで我が家は、母の年金に頼って生活していました。でも、母はもういない。夫の収入はごくわずか。何とかしないと。

私は重い心と身体に鞭打って、母との二十年間の生活を、エッセイとして書くことにしたのです。出版して、お金になることを期待して。

実は私、鍼灸師になる前は、芝居の台本書きだったのです（売れませんでしたけど）。人生いろいろ、有為転変してきたということでしょうか。

そこで、ここは一発、書いて当てよう、生活費の足しにしよう、と思ったわけです。売れない台本書きだったのに、何でエッセイが売れるのか、という問題には、目をつぶりました。そしてこれが、とんでもない効果をもたらしてくれたのです。猫育てで、快復のきざしをみせていた私の心に、絶大なる効果を！

初めはなかなか進みませんでした。覚えたてのワープロをポツンポツン。でも進まない。

無理やりポツンポツンポツン。すぐに疲れます。ちょっと書いては横になり、起きだしては、またポツンポツン。カメよりノロい歩み。

でも、少しずつ慣れていきました。弾みがつきだし、いよいよ、介護の日々を書く段に……。憂鬱でした。私の介護が、断罪される。親殺し、親殺し……。

一人で樹海に入っていくような気分でした。うっそうとした茂み、道なき道、逃げ帰れるものなら……うん？

あれ？

書き進むうちに、不思議な事が起きてきました。

土砂降りの雨がやみ、雲間から陽の光がうっすらと差し込むような感じでした。「憂鬱」が、少しずつ姿を消していったのです。隠れていた私の心が、現われてきたのです。

心身ともに弱り、痴呆症状もひどくなっていく母親を前にして、どんなに悩んだか。家での看取りを決意したとき、身体のあちこちが悪い私にとって、それは、どんなに大変な決断だったか。死に行く母を、たった一人で看るのは、どれだけ苦しいことだったか。自分の心が、こんなにも辛いことに耐えていたとは、夢にも思っていなかった！

これは驚きでした。

そしてこの驚きの前に、親殺しという考えが、吹っ飛んでしまったではありませんか。それどころか、

孝行娘といってもいいいんじゃない？

いやはや、なんとも。

死刑を宣告されていたのに、いきなり無罪と言われたような、そんな感じでした。お分かりいただけたでしょうか。「**書く」ということは、このように驚くべき効果があるのです**。

自費出版して近しい人に配り、読んでもらうのが一番いいけれど、そんなお金は無いというのなら、ワープロで打った原稿を装丁してもらうだけでも、かなりそれらしくなります。

第一今は、インターネットで探せば、一冊から本を作ってくれるところもある時代ですから。なんだか知らないけど、心がモヤモヤしてしょうがないという方、是非書いてみてください。せっかく介護が終わったのに、今度は自分が介護されなければならないような心では、ホトケ様も浮かばれません。

必ず、心の奥に辿り着けますから。あ、そうか、これでよかったんだ、と思えますから、どうぞ書いてみてください。

カウンセリングという手もありますが、これはお金がかかります。
書くのは、タダですしね。

みんなチョボチョボ

隣の芝生は青いけど、
うちの芝生も悪くない
今だから、
そんなふうに、考えられます

＊これでいいかも＊

人それぞれ、介護、看取りもそれぞれです。だけど、人のやったことのほうが、良く見えてしまうもの。私と同じ経験をした友人が、言いました。

「あなたのようには、私、母を介護してやれなかった……施設に入れたけど、ホントはあなたのように、自宅で看取ってやりたかった」

ちょっと待って！

私は、自宅で看たくはなかったの！　母も、自宅で看られたくはなかったの！

母は、家では、愛想まるでなし。でも外ではコロリと豹変し、ニコニコの大盤振る舞い。

誰もが、

「気配りができて、優しくて、聞き上手で、聡明で」

と、こちらが赤面してしまうほど、誉めまくるのです。友達もたくさんいました。その場の中心人物として慕われるのが、母のなによりの自慢でしたし、また実際、外での母は、いつも本当に楽しそうでした。

私は、そういう母の性格を知り尽くしていたので、いいスタッフのいる介護老人ホームで、最後を過ごさせてやりたかったのです。

日本中探し回ってみつけた、入居者のことを第一に考えてくれる良質なホームで。でも、いかんせん、うちには、そんな経済的余裕はありませんでした。

だから某芸能人が、

「紹介して頂いた有料老人ホームで、母に、理想的な介護を受けさせてやることができました」と、満面の笑みを浮かべながら言うのをテレビで見たとき、
羨ましい！　と、心底思ったものです。

嫉妬のホムラがメラメラメラメラ……私だって……私だって……うん？

でも待てよ……この人だって、本当はもっといろいろしてあげたかった、と思っているかもしれないじゃないの。

「介護を受けさせてやることができた」

と言っていたけど、本当は、

「自宅で、自分が介護した」

と言いたかったのかもしれないじゃないの！

そう思ったら、とたんに心がスーッと楽になったものです。

この話を、先の友人にしたところ、頷いてくれました。みんな、それなりの満足感と、それなりの後悔の中にいる。それだけのことだと思います。

＊また会えるかも＊

大切な人との別れを、どうやって乗り越えるか……。

「良き思い出によって、乗り越える」と、絵本、『**わすれられないおくりもの**』（スーザン・バーレイ作・絵、小川仁央訳、評論社）が、教えてくれています。

知恵があり、みんなに慕われていたアナグマが、年をとって死んでしまいます。みんなは、とても悲しみます。その悲しみはあまりに深く、耐えがたいものでしたが、あるとき、モグラは思い出すのです。アナグマが教えてくれた、上手なハサミの使い方のことを。

カエルも、キツネも、ウサギも思いだ

します。

アナグマが教えてくれた、たくさんの大切なことを。

みんなの心に、アナグマは生きているのでした。


私も、亡くなった姉のことを思い出します。

姉の編んでくれたセーター。姉の笑顔。姉は、そこにいます。

父を、思い出します。

父が死んだとき、私は事実を受け入れることができず、混乱の中で、骨壷に手を伸ばしました。骨を食べようとしたのです。

そのとき、父の声が聞こえてきました。

「あの世はある、また会える」

その瞬間、私は救われました。

「死ねばもう終り」

と、思っていた私は、

「死んでも終わらない」

と、思うようになり、今もそう考えています。

は？

父の死を乗り越えるために、無理やり脳が作り出したタワゴト、ですって？

かもね。

あ、そうそう、私のエッセイは出来上がり、運よく出版されました。でも、恥ずかしながら、全く売れませんでした。

ま、よしとします。完全にウツから立ち直れたのですから！

◎おわりに

ウツは治りました。

でも今度は、身体に問題続出、という事態になってしまったのでした。

実は、舅が亡くなって六年後に、わずか三ヶ月の闘病で、姑も逝ってしまったのです。すい臓がんでしたが、症状が出たときは、すでに末期でした。

わずか数年の間に、姉、母、舅、姑と、四人の身内を見送ったのです。

これはこたえました。心もさることながら、もともと弱い私の身体が、さらに弱りきり、ほとんど瀕死というような感じでした。

まずは、顔半分がピクピクし、口角が吊り上がる**顔面痙攣《けいれん》発症**。次は、息を吸うのも、吐くのも苦しく、しかも一日中喉に痰が詰まり、なかなか取れないという**呼吸困難発症**。

同時期に、**左の乳房の上半分が、赤黒く変色**。ストレスにより、もともと弱い肝臓が弱りきって、毛細血管が拡張してしまったのか？

さらにまた、**網膜はく離の前駆症状と思われる飛蚊症《ひぶんしょう》発症**。右目の半分が、墨を流したように、まだらに黒く覆われる。

つづけて、**若年性痴呆か？　ひどい物忘れ**。「花」や「海」という簡単な漢字が思い出せない。そしてです。

便に異常事態。あろうことか、ウンチが洩れる！

いやはや、参りました。しかしハリ師なのに、ヤブなので、ハリでは治せません。「じゃ、病院にいけば？」と言われそうですが、一応東洋医学を学んでいるので、ニッチもサッチもいかない限り、病院には行きたくないのです。

「ウンチ漏らしちゃってんだから、すでにニッチもサッチもいってないでしょうよ」と言われそうですが、私の場合、激痛以外はなんかとか自分で治そう、と思ってしまうわけでして……。

そこで、食餌療法で症状緩和を目指すことにしました。これは、ハリ師になるきっかけが食餌療法だったからです。

三十代で子宮筋腫になったとき、私はこの病気を、自分で治そうとしたのです。

だってまだ三十代。これからいい人探してお嫁にいきたい！　と考えていたのに、いきなり医者に、

「もうだめ。筋腫大きいから、子宮ごと取っちゃおう」と、言われても、

「はい、分かりました」と、返事することはできなかったのです。

だから、努力しました。獅子奮迅の努力をしました。

でも……あえなく失敗に終り、数年後に手術することに。

筋腫は六キロにも育っていました。


なんとも無謀な話ですが、このとき、かなり食餌療法を勉強したのです。そして興味は東洋医学全般に広がり、ハリ師の道に。

ですが、ハリの下手な私。代わりにとばかり、鍼灸院を開業していたときにも、口角泡を飛ばし、食べ物の大切さを力説していたものです。

「いくら治療したって、食べ物をないがしろにしたら、治りませんからね！」

しかし、たいていの患者さんは聞いてなんかくれません。

「だから治らないんです！」

と私は、自分の腕の悪さを棚に上げて一人ごちたものですが、今度は、自分に言い聞かせる番でした。

食事およびおやつ、口に入れる物を見直して、健康になろう！　運動療法なども加え、実践していきました。何年も続けました。徐々に、健康が戻ってきました。

そして今、まあまあの状態を保っています。ウンチ漏れも、めったにありません。完治は望めないかもしれませんが、家族を見送るということは、ことほどさように生半可なものではない、ということで納得しています。

でも、見送ることによってしか得られない、貴重なものもありました。

私の場合それは、来るべき自分の「死」について、考えを巡らすことができるようになった、ということです。

誰にでも、「死」は等しくやってくる。

いつ？

どこで？

どんなふうに？

それは分かりませんが、慌てないために、私はシミュレーションしています。といっても、たいしたことではないのですが。

「死」についての本を買って読んだり、簡単な遺言を書いてみたり、

家で死ぬのか、病院で死ぬのかと考えてみたり、

病院で死ぬとして、そっと死なせてくれる病院はあるのか、ないのか、などと考えてみたり、ちょっと調べてみたり……、

そんなことです。

そんなことをしながら、少しずつ、「死」とお近づきになれればいいなあ、と考えていたところ、ついこの間、市役所から封書が届きました。開けてみると、
介護保険証！

わあっ、来た！　六五歳。花の老人人生の幕が切って落とされました。

ワクワク、ドキドキです。

著者＝小粒すずめ（こつぶ・すずめ）

1949年宮城県生まれ。早稲田大学第二文学部中退。劇団「早稲田小劇場」を経て演劇活動。台本執筆に従事。その後、子宮摘出手術を受けた際に東洋医学に興味をもち、鍼灸師の免許を取得、開業。

著書：『トゲトゲオーラばあちゃんとの20年戦争』（清流出版）。

2005～06年、ウェブサイト「東芝ケアコミュニティ」に「介護のお話」を連載、好評を得て延長連載になる。

家族は夫、ネコ4匹、うさぎ1羽。

＊イラスト：カベルナリア吉田

賢《かしこ》く値《ね》切《ぎ》ろう、葬式代《そうしきだい》——介護《かいご》もお墓《はか》も、自分流《じぶんりゅう》が一番《いちばん》！

2015年3月31日　初版第一刷

著　者　小粒すずめ ©2015
発行者　竹内淳夫
発行所　株式会社 彩流社
〒102-0071 東京都千代田区富士見2-2-2
電話　03-3234-5931
FAX　03-3234-5932
http://www.sairyusha.co.jp/

編　集　出口綾子
装　丁　福田真一［DEN GRAPHICS］
印　刷　明和印刷株式会社
製　本　株式会社難波製本

Printed in Japan　ISBN978-4-7791-2072-5　C0036
定価はカバーに表示してあります。乱丁・落丁本はお取り替えいたします。